学力がアップする「語《ご》彙《い》力《りょく》」が身につく！ことばプリント

小学 3・4年生

例解学習国語辞典 第十二版対応

辞書引き学習の
深谷圭助

目次

●人の動き

●人の気持ち

「ことばプリント」小学3・4年生

●社会

●文化

人の動き

手やうでを使う

1 （　）にあてはまる言葉を［　］から選んで、記号で答えましょう。

(1) うちわで（　　）。
(2) 切手を（　　）。
(3) 帯を（　　）。
(4) ポケットの中を（　　）。

ア はがす　イ 探《さぐ》る　ウ あおぐ　エ しめる

2 上と下がつながるように、•——•で結びましょう。

(1) 鉛《えん》筆を　•　　•ア そる。
(2) かみそりでひげを　•　　•イ かる。
(3) 木の仏像《ぶつぞう》を　•　　•ウ けずる。
(4) 土手の草を　•　　•エ ほる。

3 使い方が正しい言葉の記号に○をつけましょう。

(1) ぬい終わって糸を｛ア はぐ。／イ 断《た》つ。｝

(2) 弟の鼻を｛ア つまむ。／イ つむ。｝

(3) イヌを小屋の中に｛ア 引き上げた。／イ 引き入れる。｝

4 ――の言葉の意味を［　］から選んで、記号で答えましょう。

(1) 水筒《すいとう》を提《さ》げる。（　）

(2) 雨具を携帯《けいたい》する。（　）

(3) べんとう持参で、ピクニックに行く。（　）

ア 手に持ったり、身につけたりする。
イ ぶらさげる。
ウ 持っていくこと。

体を使う

1 上と下がつながるように、•――•で結びましょう。

(1) お湯に　•　　•ア ふり向く。
(2) 兄に呼《よ》ばれて　•　　•イ つかる。
(3) 白線を　•　　•ウ またぐ。

2 ――の言葉の意味を[　]から選んで、記号で答えましょう。

(1) みこしを担《かつ》ぐ。（　）
(2) 倒立《とうりつ》の練習をする。（　）
(3) おなかが痛《いた》くてうずくまる。（　）

ア 体を丸めてしゃがむ。　イ かたにのせて持つ。
ウ 逆《さか》さまに立つこと。

3 使い方が正しい言葉の記号に○をつけましょう。

(1) 犯人《はんにん》のかくれ家に警官《けいかん》が { ア 割《わ》りこむ。 イ ふみこむ。 }

(2) はしごを { ア ふみ外して イ ふみ付けて } 落ちる。

4 （　）にあてはまる言葉を［　］から選んで書きましょう。

(1) ゆかに足を（　　　　）。

(2) 劇《げき》の主人公が（　　　　）。

(3) 休み時間は自由に（　　　　）。

［ 登場する　行動する　投げ出す ］

人の動き ◆ 見る

1 ——の言葉と似《に》た意味の言葉を下から選んで、•——•で結びましょう。

(1) 窓《まど》から海をながめる。 • • ア 見直す

(2) 答案を見返す。 • • イ 望《のぞ》む

(3) 神様はすべてお見通しだ。 • • ウ 見抜《みぬ》く

2 使い方が正しい言葉の記号に○をつけましょう。

(1) お祭りの人ごみで、母を{ア 見落とす。 イ 見失う。}

(2) あの人は、近所でよく{ア 見かける イ 見当たる}人だ。

3 ――の言葉の意味を[ ]から選んで、記号で答えましょう。

(1) 友達の良い点を見いだす。（　）

(2) 品数が多くて目移《めうつ》りする。（　）

ア ほかの物を見て、どれにしようか迷《まよ》う。　イ 見つける。

4 [ ]にあてはまる言葉を[ ]から選んで書きましょう。

(1) 客を駅まで見□□。

(2) 先輩《せんぱい》の仕事を見□□。

(3) 子供《こども》の成長を見□□。

習う　送る　守る

人の動き

話す

1 （　）にあてはまる言葉を［　］から選んで、記号で答えましょう。

(1) 引っこす友達に別れを（　）。

(2) ないしょ話を（　）。

(3) 相手に負けずに強く（　）。

ア 告《つ》げる　イ 言い返す　ウ 耳打ちする

2 上と下がつながるように、•—•で結びましょう。

(1) 話が聞きとれなかったので　•　　•ア 話しかける。

(2) ひとりでいる友達に　•　　•イ 聞き返す。

(3) しかられた子が不満を　•　　•ウ つぶやく。

3 使い方が正しい言葉の記号に○をつけましょう。

(1) ぶつぶつ｛ア 独《ひと》り言《ごと》／イ 冗談《じょうだん》｝を言う。

(2) 弟はおこって口を｛ア 出さない。／イ きかない。｝

(3) ｛ア 口調／イ 歯切れ｝の悪い答え方をする。

4 ——の言葉のていねいな言い方を［　］から選んで、記号で答えましょう。

(1) あなたの言うことが、よくわかりません。（　）

(2) 結婚《けっこん》した先生に、お祝いを言う。（　）

(3) 母がよろしくと言っておりました。（　）

ア おっしゃる
イ 申し上げる
ウ 申して

人の動き ◆

移《い》動《どう》

1 ——の言葉と似《に》た意味の言葉を下から選んで、•——•で結びましょう。

(1) 友達の家を訪《おとず》れる。 •　　• ア 横断《おうだん》する
(2) 後ろからそっと近寄《ちかよ》る。 •　　• イ 行き来する
(3) 道路を横切る。 •　　• ウ 近付く
(4) 人がいそがしそうに行き交《か》う。 •　　• エ 訪《たず》ねる

2 使い方が正しい言葉の記号に○をつけましょう。

(1) 荷物を高い所に { ア 引き返す。 イ 引き上げる。 }

(2) ネコが家中を { ア にげ回る。 イ にげ出す。 }

(3) 会議から { ア ふみ出す。 イ ぬけ出す。 }

3 □に共通してあてはまる漢字を[ ]から選んで書きましょう。

(1) マラソンで完□する。／はばとびの助□に入る。

(2) 列車が□行する。／□入禁止《きんし》の道路。

[進　走]

4 （　）にあてはまる言葉を[ ]から選んで、記号で答えましょう。

(1) 山頂《さんちょう》を目指して、山道を（　）。

(2) その場を（　）。

(3) 兄に（　）魚つりに行く。

(4) 船が沖《おき》へ（　）。

[ア 去る　イ 遠ざかる　ウ たどる　エ 従《したが》って]

人の動き

考える、学ぶ

1 （　）にあてはまる言葉を［　］から選んで、記号で答えましょう。

(1) 頭をかかえて、じっと（　　）。

(2) 日本の文化について（　　）を加える。

(3) 下級生のことも（　　）に入れる。

ア 考えこむ　イ 考察　ウ 考慮《こうりょ》

2 使い方が正しい言葉の記号に○をつけましょう。

(1) 家庭科で料理を｛ア 自習する。／イ 実習する。｝

(2) お寺で、僧《そう》になるための｛ア 修行《しゅぎょう》をする。／イ 実験をする。｝

3 上と下がつながるように、・――・で結びましょう。

(1) 予定を手帳に ・　　・ア 清書する。

(2) 友達に送る手紙を ・　　・イ ひかえる。

(3) 実験の結果を ・　　・ウ 記録する。

4 （　）にあてはまる言葉を［　］から選んで書きましょう。

(1) 相手が（　　　　）まで説得する。

(2) 人の話を好意的に（　　　　）。

(3) 冬山のこわさを（　　　　）。

［ 納得《なっとく》する　受け取る　心得る ］

人の動き

思う

1 上と下がつながるように、•——•で結びましょう。

(1) 楽しかった思い出を •　　• ア 思いこむ。

(2) 本当だと •　　• イ 思いうかべる。

(3) ふと、いいアイデアを •　　• ウ 思い付く。

2 ——の言葉の使い方が正しい文の記号に○をつけましょう。

(1)
ア 思いがけなく懸賞《けんしょう》に当たった。
イ 思いがけなく懸賞《けんしょう》に外れた。

(2)
ア 思い切り遊びたい。
イ 思い切り友達に打ち明ける。

3 □に共通してあてはまる漢字を□から選んで書きましょう。

(1) 未来を空□する。／□像《ぞう》を絶《ぜっ》する話。

(2) 国語のテストは、案□よくできた。／つり上げてみたら、意□に大きな魚だった。

想　外

4 （　）にあてはまる言葉を□から選んで、記号で答えましょう。

(1) 火山の噴火《ふんか》を（　）。

(2) 野球というと、ホームランを（　）。

(3) 物語《ものがたり》の結末《けつまつ》を（　）。

ア 推測《すいそく》する
イ 予知する
ウ 連想する

人の動き

わたす、受け取る

1 上と下がつながるように、•―•で結びましょう。

(1) あずかった荷物を •　　• ア ふるまう。
(2) 優《すぐ》れた作文に賞を •　　• イ 引きわたす。
(3) みんなにごちそうを •　　• ウ 授《さず》ける。

2 使い方が正しい言葉の記号に○をつけましょう。

(1) 道行く人びとにビラを { ア 配給《はいきゅう》する。 イ 配布《はいふ》する。 }
(2) 図書館に本を { ア 返却《へんきゃく》する。 イ 返品する。 }

3 （　）にあてはまる言葉を［　］から選んで、記号で答えましょう。

⑴ 絵画コンクールで金賞を（　　）。

⑵ 母に電話を（　　）。

⑶ アンケートを（　　）。

ア 取りつぐ　イ 受賞する　ウ 回収《かいしゅう》する

4 ――の言葉と似《に》た意味の言葉を下から選んで、・――・で結びましょう。

⑴ 免許《めんきょ》を取得《とく》する。　・　　・ア めぐむ

⑵ 貸《か》した本を取り返す。　・　　・イ 得る

⑶ 困《こま》っている人びとに、食糧《しょくりょう》をほどこす。　・　　・ウ 取りもどす

人の動き

分ける、集める

1 上と下がつながるように、•——• で結びましょう。

(1) ごみをあちこちに　•　　　•ア 分散する。
(2) 人口が三つの地域《ちいき》に　•　　　•イ 散らす。
(3) 桜《さくら》の花びらが、はらはらと　•　　　•ウ 散る。

2 ——の言葉の意味を［　］から選んで、記号で答えましょう。

(1) 広い土地を区分する。（　　）
(2) リボンの色で、運動会の係を区別する。（　　）

ア ちがいや種類によって分けること。
イ 区切って分けること。

3 □にあてはまる漢字を□から選んで書きましょう。

(1) 七時に校庭に 集□ する。

(2) 全神経《ぜんしんけい》を耳に 集□ する。

(3) 木材を一か所に 集□ する。

中 合 積

4 （　）にあてはまる言葉を□から選んで、記号で答えましょう。

(1) 一人一人がおやつを（　　）。

(2) 漫画《まんが》のシリーズをすべて（　　）。

(3) ボランティアに参加する人を（　　）。

ア 募集《ぼしゅう》する
イ そろえる
ウ 持ち寄《よ》る

人の動き

せめる、守る

1 上と下がつながるように、•——•で結びましょう。

(1) 相手の弱点を •　　•ア 突《つ》く。

(2) たった一人で敵地《てきち》に •　　•イ 負かす。

(3) 父を将棋《しょうぎ》で •　　•ウ 乗りこむ。

2 （　）にあてはまる言葉を［　］から選んで、記号で答えましょう。

(1) 夜中に敵《てき》の陣地《じんち》に（　）。

(2) 強敵《きょうてき》を（　）。

(3) 相手が強くて（　）。

［ア 苦戦する　イ 打ち破《やぶ》る　ウ 突《つ》っこむ］

3 □に共通してあてはまる漢字を[　]から選んで書きましょう。

(1) □利をおさめる。／実力で□負する。

(2) 両チームの決□。／関《せき》ケ《が》原《はら》の合□。

戦
勝

4 ——の言葉と似《に》た意味の言葉を下から選んで、•—•で結びましょう。

(1) 敵《てき》の侵入《しんにゅう》を防《ふせ》ぐ。 •　　•ア 防御《ぼうぎょ》する

(2) サッカーの試合に敗れる。 •　　•イ 張《は》り合う

(3) たがいに技《わざ》を競《きそ》う。 •　　•ウ 負ける

人の動き ◆ 片付《かたづ》ける、なくす

1 ――の言葉と似《に》た意味の言葉を下から選んで、•――•で結びましょう。

(1) 火の後始末を忘《わす》れずにする。 •　　• ア 始末する

(2) たまったごみを処理《しょり》する。 •　　• イ 消す

(3) 仕事を失う。 •　　• ウ 後片付《あとかたづ》け

(4) 録画した番組を消去する。 •　　• エ 無くす

2 ――の言葉の使い方が正しい文の記号に◯をつけましょう。

(1)
ア 仕事をのんびりとさばく。
イ 仕事をてきぱきとさばく。

(2)
ア 駅で友達と分かつ。
イ 財産《ざいさん》を平等に分かつ。

3 （　）にあてはまる言葉を［　］から選んで、記号で答えましょう。

(1) みんなの意見を（　　）。

(2) いらなくなったものを（　　）。

(3) むだを（　　）。

ア 省く
イ 処分《しょぶん》する
ウ まとめる

4 ［　］に共通してあてはまる言葉を［　］から選んで書きましょう。

(1) 道路の石を［　　］除《のぞ》く。／約束を［　　］消す。

(2) うわさを［　　］消す。／雨で試合を［　　］切る。

打ち　取り

好き、きらい

1 上と下がつながるように、•——•で結びましょう。

(1) あの子は、クラスのだれからも •　　• ア 好む。
(2) 音楽を •　　• イ あこがれる。
(3) かれのような海外での生活に •　　• ウ 愛される。
(4) 住み慣《な》れた家に •　　• エ 愛着がわく。

2 （　）にあてはまる言葉を［　］から選んで、記号で答えましょう。

(1) （　）わが子。
(2) わたしを裏切《うらぎ》ったあいつが（　）。
(3) お世辞ばっかり言って、（　）人だ。
(4) 意見が分かれて（　）思いをする。

ア 気まずい　イ いとしい　ウ にくい　エ いやらしい

3 ――の言葉と似《に》た意味の言葉を下から選んで、・――・で結びましょう。

(1) あなたの主張《しゅちょう》に同感する。 ・　　・ア 興味《きょうみ》をもつ

(2) 環境《かんきょう》問題に関心をもつ。 ・　　・イ にくむ

(3) 意地悪な友達をうらむ。 ・　　・ウ 共感をおぼえる

4 ――の言葉の使い方が正しい文の記号に○をつけましょう。

(1)
ア 遠足の日に晴れてうらめしい。
イ 遠足なのに雨とはうらめしい。

(2)
ア この暑さにはうんざりする。
イ 気持ちのよい気候にうんざりする。

(3)
ア 人の幸福をうらやむ。
イ 人の不幸をうらやむ。

うれしい、悲しい

1 ——の言葉と似《に》た意味の言葉を下から選んで、・——・で結びましょう。

(1) 今日はめでたいお祭りだ。 ・　　・ア 感激《かんげき》する

(2) 伝記を読んで感動する。 ・　　・イ かわいそうな

(3) あわれな身の上。 ・　　・ウ 喜《よろこ》ばしい

2 ——の言葉の使い方が正しい文の記号に○をつけましょう。

(1)
- ア 受賞《じゅしょう》を光栄に思う。
- イ 大変な事件《じけん》を起こしてしまって、光栄だ。

(2)
- ア 大学への進学を失望する。
- イ 結果を聞いて失望する。

3 上と下がつながるように、•——•で結びましょう。

(1) 小学校への入学を　•　　•ア 張《は》りさけそう。

(2) 将来《しょうらい》のことを　•　　•イ 祝う。

(3) 悲しみで胸《むね》が　•　　•ウ うれえる。

4 （　）にあてはまる言葉を［　］から選んで、記号で答えましょう。

(1) 友達と（　）に語り合う。

(2) 旅に出ると、心が（　）とする。

(3) この結論《けつろん》に、（　）そうな顔をする。

［ア 晴れ晴れ　イ 愉快《ゆかい》　ウ 不服］

いろいろな感情《かんじょう》

1 上と下がつながるように、•——•で結びましょう。

(1) かれの失礼な言葉に •　　• ア うらやましい。
(2) 弟がいる人が •　　• イ むかついた。
(3) 遠足の日が •　　• ウ くやしい。
(4) ライバルに負けて •　　• エ 待ちどおしい。

2 (　)にあてはまる言葉を[　]から選んで、記号で答えましょう。

(1) 大雨で(　　)な一夜を明かした。
(2) (　　)は失敗のもと。
(3) 友の(　　)に動かされる。

ア 油断《ゆだん》　イ 不安　ウ 熱意

3 □に共通してあてはまる漢字を［　］から選んで書きましょう。

(1) 病気で大会に出場できなかったのが□残りだ。／一人での留守番《るすばん》は□細い。／こんなに親切にしていただいては、□苦しい。

(2) 宿題がないので□楽だ。／本□で勉強する。／先生と□軽に話し合う。

(3) 平和は人類の□望である。／優勝《ゆうしょう》の悲□がかなう。

気　心　願

感覚

1 （　）にあてはまる言葉を［　］から選んで、記号で答えましょう。

(1) 失敗しそうないやな（　　）がした。

(2) 少女の話に（　　）する。

(3) 顔付きであやしいと（　　）した。

ア 予感　イ 直感　ウ 感心

2 ――の言葉の使い方が正しい文の記号に○をつけましょう。

(1)
ア 寒さで手がかじかむ。
イ 正座《せいざ》をして、足がかじかむ。

(2)
ア 暑くてのどがしびれる。
イ 正座《せいざ》をして足がしびれる。

3 上と下がつながるように、•——•で結びましょう。

(1) 真夏の夜は暑くて •　　• ア 蒸《む》し暑い。

(2) 東京の夏は •　　• イ 寝《ね》苦《ぐる》しい。

(3) 赤ちゃんのはだの •　　• ウ ぬくもりを感じる。

4 (　)にあてはまる言葉を［　］から選んで書きましょう。

(1) 弟の気持ちを(　　)。

(2) 窓《まど》が閉《し》め切ってあって(　　)。

(3) 11月から(　　)気候が続く。

(4) 春になって寒さが(　　)。

寒冷な
暑苦しい
ゆるむ
察する

人の様子(1)

1 上と下がつながるように、•——•で結びましょう。

(1) かれは動作や仕事の処理《しょり》が •
(2) 赤ちゃんの笑顔は •
(3) あの人の笑い方は •
(4) 近所の子供《こども》たちが •

• ア 愛くるしい。
• イ さわがしい。
• ウ すばやい。
• エ 気味が悪い。

2 (　)にあてはまる言葉を［　］から選んで、記号で答えましょう。

(1) はずかしそうに(　　)する。
(2) 敵《てき》が(　　)とせまる。
(3) 見つからないかと(　　)する。

ア じりじり
イ ひやひや
ウ もじもじ

3 ——の言葉の使い方が正しい文の記号に○をつけましょう。

(1)
ア 空が大げさに晴《は》れていた。
イ 大げさにならないように注意しよう。

(2)
ア 夜道の一人歩きは不用心だ。
イ かぜを引かないように不用心する。

4 ——の言葉の意味を[　]から選んで、記号で答えましょう。

(1) 採点《さいてん》を公正に行う。（　）

(2) 健全な生活を送る。（　）

(3) 不用意な発言をする。（　）

ア 注意がたりないこと。 イ 考えや行いが正しく、しっかりしていること。 ウ どちらにも片寄《かたよ》らず、正しいこと。

人の様子(2)

1 （　）にあてはまる言葉を［　］から選んで、記号で答えましょう。

(1) （　）な服装《ふくそう》で目立つ。

(2) よごれた（　）な手でさわるな。

(3) かれはいつも（　）なあいさつをする。

ア ていねい
イ 不潔《ふけつ》
ウ 派手《はで》

2 使い方が正しい言葉の記号に○をつけましょう。

(1) 遊びすぎておそくなり、｛ア きっぱり／イ こっそり｝と裏口《うらぐち》から入る。

(2) 弟の｛ア 安らか／イ にぎやか｝な寝顔《ねがお》。

3 ――の言葉と似《に》た意味の言葉を下から選んで、•――•で結びましょう。

(1) はなやかな和服すがた。 • • ア かわいそうな

(2) 気《き》の毒《どく》な人をなぐさめる。 • • イ 愛らしい

(3) かわいらしい子ネコ。 • • ウ はなばなしい

4 ――の言葉の意味を[ ]から選んで、記号で答えましょう。

(1) 気まぐれな人に大事なことはたのめない。（　）

(2) 立派《りっぱ》な成績《せいせき》で卒業する。（　）

(3) みっともないかっこうをしないで。（　）

ア ていさいが悪い様子。 イ すぐれている様子。
ウ 気持ちが変わりやすく、落ち着かない様子。

性《せい》格《かく》・態《たい》度《ど》

1 ――の言葉と似《に》た意味の言葉を下から選んで、●――●で結びましょう。

(1) 彼女《かのじょ》は気短かな人だ。・　　・ア わがまま

(2) あまり勝手なことをするな。・　　・イ サボる

(3) 仕事をなまける。・　　・ウ 短気

2 使い方が正しい言葉の記号に○をつけましょう。

(1) 授業中《じゅぎょうちゅう》は、{ア ふまじめな / イ まじめな} 態《たい》度《ど》を取るな。

(2) かれは {ア 注意深い / イ 不注意な} 人なので、よくけがをする。

3 □に共通してあてはまる漢字を□から選んで書きましょう。

(1) 内□な性格《せいかく》の人。／□長に待つ。／兄は勝ち□で、よくがんばる。

(2) □然と決勝戦にのぞむ。／冬でも□気で水をかぶる。

気　平

4 （　）にあてはまる言葉を□から選んで、記号で答えましょう。

(1) （　　）して、足でドアを開ける。

(2) 店員が（　　）だ。

(3) 上級生といっても、むやみに（　　）ものではない。

ア いばる　イ 横着《おうちゃく》　ウ 無愛想《ぶあいそう》

様子を表す言葉

能力《のうりょく》

1 （　）にあてはまる言葉を［　］から選んで、記号で答えましょう。

(1) かれはスポーツ（　）な人だ。

(2) 勉強して（　）をつける。

(3) 絵もうまいが、書道の（　）もたいしたものだ。

ア 腕前《うでまえ》
イ 実力
ウ 万能《ばんのう》

2 使い方が正しい言葉の記号に○をつけましょう。

(1) 手品は、手先が｛ア 器用な　イ 不器用な｝人に向いている。

(2) ぼくは算数が｛ア 得意《とくい》　イ 苦手｝で、いつも自信がない。

3 ——の言葉の意味を[ ]から選んで、記号で答えましょう。

(1) クイズ番組のメンバーは博学ぞろいだ。（　）

(2) 根気よく練習する。（　）

(3) 議長の役は、わたしには重荷だ。（　）

ア 能力《のうりょく》をこえる仕事や役目。 イ がまん強く続ける気力。
ウ 広くいろいろな物ごとを知っていること。

4 上と下がつながるように、•——•で結びましょう。

(1) あらゆる才能《さいのう》に • 　　• ア 腕試《うでだめ》しする。

(2) 水泳が去年より • 　　• イ めぐまれる。

(3) 模擬《もぎ》テストを受けて • 　　• ウ 上達する。

様子を表す言葉

物の様子

1 （　）にあてはまる言葉を［　］から選んで、記号で答えましょう。

(1)（　　）な若葉《わかば》の色に目をうばわれる。

(2)（　　）な谷川の水を手ですくう。

(3)（　　）な日に散歩する。

(4)（　　）な坂道をのぼる。

(5)（　　）なホテルにとまる。

ア ごうか　イ あざやか　ウ のどか　エ 清らか　オ ゆるやか

2 上と下がつながるように、•――•で結びましょう。

(1) なわの長さが　•　　•ア ゆるい。

(2) びんのふたが　•　　•イ 等しい。

(3) 国語辞典は　•　　•ウ 分厚《ぶあつ》い。

3 使い方が正しい言葉の記号に○をつけましょう。

(1) {ア ごろごろ / イ ざらざら} した紙を使って工作する。

(2) 山が {ア ぼんやり / イ くっきり} かすんで見える。

(3) 今週は予定が {ア どっしり / イ ぎっしり} つまっている。

4 □に共通してあてはまる漢字を□から選んで書きましょう。

(1) 広□な砂漠《さばく》。／果物《くだもの》が□量に入荷《にゅうか》した。

(2) 交通の□便な場所。／□透明《とうめい》な液体《えきたい》。

不　大

様子を表す言葉

物の変化

1 上と下がつながるように、•——•で結びましょう。

(1) 長雨で崖《がけ》が　・　　・ア 埋《う》まる。

(2) 大雪で木が　・　　・イ にごる。

(3) 雨で川が　・　　・ウ くずれる。

2 （　）にあてはまる言葉を［　］から選んで、記号で答えましょう。

(1) かべにぶつかって、車体が（　）。

(2) 血が（　）。

(3) 焼きすぎて、おもちが（　）。

(4) ダムの水が（　）。

(5) 風船が（　）。

ア 固まる　イ こげる　ウ しぼむ　エ へこむ　オ かれる

3 使い方が正しい言葉の記号に○をつけましょう。

(1) 権利《けんり》が｛ア 蒸発《じょうはつ》する。 イ 消滅《しょうめつ》する。｝

(2) 鉄が｛ア くさる。 イ さびる。｝

4 （　）にあてはまる言葉を［　］から選んで、記号で答えましょう。

(1) ネジが（　　）。

(2) メロンがおいしそうによく（　　）。

(3) 地震《じしん》で戸が（　　）。

(4) 花瓶《びん》の花が（　　）。

(5) 嵐《あらし》がやっと（　　）。

(6) 落として茶碗《わん》が（　　）。

ア しおれる
イ ゆがむ
ウ 欠ける
エ ゆるむ
オ 熟《う》れる
カ 静まる

程《てい》度《ど》を表す

1 ――の言葉と反対の意味の言葉を［　］から選んで、記号で答えましょう。

(1) 日本で最大の湖はびわ湖だ。（　）

(2) 上等なじゅうたんを手に入れる。（　）

(3) 大型《おおがた》のバスに乗って、遠足に行く。（　）

ア 小型《こがた》
イ 下等
ウ 最小

2 ――の言葉の使い方が正しい文の記号に○をつけましょう。

(1)
ア ぼくの悲しみはいちじるしい。
イ 彼はこの一年でいちじるしい成長を見せた。

(2)
ア 用件《ようけん》を手短に話してください。
イ この服はそでが手短だ。

3 （　）にあてはまる言葉を［　］から選んで、記号で答えましょう。

(1) 時計の針《はり》には（　）がある。

(2) 土地の（　）をならす。

(3) （　）をつけて歌う。

(4) 品物の（　）に関係なく、送料は同じだ。

(5) （　）を問わず、いろいろな所から人が集まる。

ア　高低
イ　軽重
ウ　強弱
エ　遠近
オ　長短

4 ［　］に共通してあてはまる漢字を［　］から選んで書きましょう。

(1) ［　］要な地位につく。／［　］大な事件《じけん》が起こった。

(2) 高［　］なホテル。／中産階［　］に属《ぞく》する。

重　級

くらしの言葉

衣・食・住(1)

1 (　)にあてはまる言葉を［　］から選んで、記号で答えましょう。

(1) 魚をなべで(　　)。

(2) ふろが(　　)。

(3) 野菜を油で(　　)。

ア わく　イ いためる　ウ にる

2 □に共通してあてはまる漢字を［　］から選んで書きましょう。

(1) 友達と楽しく飲□する。／家族で外□する。

(2) 丘《おか》の上に□宅地《たくち》ができた。／一人□まいをする。

食　住

3 使い方が正しい言葉の記号に○をつけましょう。

(1) どうぞお料理を｛ア いただいて／イ めし上がって｝ください。

(2) ｛ア 寝過《ねす》ごして／イ 寝《ね》ぼけて｝真夜中に起き上がる。

(3) 朝ごはんの｛ア 主食／イ 副食｝に、パンを食べる。

4 ――の言葉と反対の意味の言葉を下から選んで、・――・で結びましょう。

(1) テレビの電源《でんげん》をオフにする。　・　　・ア 就寝《しゅうしん》

(2) 晴れた日は屋外に出て遊ぶ。　・　　・イ オン

(3) 毎朝六時に起床《きしょう》する。　・　　・ウ 屋内

衣・食・住(2)

1 ——の言葉の意味を下から選んで、•——•で結びましょう。

(1) 台所で炊事《すいじ》をする。 •　　• ア 電話などで、相手からの話が聞こえる部分。

(2) 建物の土台にこの木を使う。 •　　• イ 料理して、食べ物をつくること。

(3) 受話器がはずれている。 •　　• ウ 建物や橋などを支えている部分。

2 (　)にあてはまる言葉を[　]から選んで、記号で答えましょう。

(1) あせをかいたので、シャワーを(　　)。

(2) 起きたらベッドを(　　)。

(3) 母が妹のゆかたを(　　)。

ア 整える
イ ぬう
ウ 浴びる

3 □に共通してあてはまる漢字を［　］から選んで書きましょう。

(1) きちんとした□装《そう》をする。／薬を□用する。

(2) 母は□事に追われていそがしい。／□計を助けるためアルバイトをする。

服　家

4 ——の言葉と似《に》た意味の言葉を下から選んで、•——•で結びましょう。

(1) 家族みんなでリビングでくつろぐ。　•　　•ア 居間《いま》

(2) 山菜料理を賞味《しょうみ》する。　•　　•イ 住民

(3) となりの住人にあいさつする。　•　　•ウ 味わう

くらしの言葉 ◆ 世間・交際《こうさい》

1 ――の言葉と似《に》た意味の言葉を下から選んで、•――•で結びましょう。

(1) 富士山《ふじさん》は天下に二つとない美しい山だ。 • •ア 礼儀《れいぎ》

(2) 親子のきずなは切っても切れない。 • •イ 世の中

(3) まだ小さい子なのにとても行儀《ぎょうぎ》がいい。 • •ウ えん

2 （　）にあてはまる言葉を[　]から選んで、記号で答えましょう。

(1) 先生のご恩《おん》に（　　）。

(2) 新しい土地の言葉に（　　）。

(3) 家族ぐるみで（　　）。

(4) 相手の言うことを（　　）。

(5) 試合に負けた選手を（　　）ために、おいしい物を食べに行く。

ア はげます　イ 交流する　ウ 感謝《かんしゃ》する　エ 信用する　オ なじむ

3 上と下がつながるように、•——•で結びましょう。

(1) 友達のたのみを　•　　•ア　つきあう。

(2) クラブへの入会を　•　　•イ　ちかう。

(3) 近所の人と親しく　•　　•ウ　承知《しょうち》する。

(4) 結婚《けっこん》して永遠《えいえん》の愛を　•　　•エ　すすめる。

4 □に共通してあてはまる漢字を[　]から選んで書きましょう。

(1) 乱暴《らんぼう》な口をきくとは失□だ。／無□な態度《たいど》。

(2) ゆみは私《わたし》の親□だ。／年月をかけて二人の□情《じょう》を育てる。

礼　友

家族・仲間

1 ――の言葉と似《に》た意味の言葉を下から選んで、•――•で結びましょう。

(1) 子供の将来《しょうらい》を心配する。 •　　•ア 仲間の一人
(2) 家族の一員となる。 •　　•イ これから先
(3) 子供《こども》が全員成人する。 •　　•ウ 大人になること

2 ――の言葉と反対の意味の言葉を［　］から選んで、記号で答えましょう。

(1) 祖母《そぼ》といっしょに公園を散歩する。（　）
(2) 夫はいつも仕事で帰りがおそい。（　）
(3) 先祖《せんぞ》のお墓《はか》参りをする。（　）
(4) 男性《だんせい》のほうが力が強い。（　）

ア 女性《じょせい》　イ 妻《つま》　ウ 祖父《そふ》　エ 子孫

3 ――の言葉と似《に》た意味の言葉を下から選んで、•――•で結びましょう。

(1) 姉の結婚式《けっこんしき》に親族が集まる。 •　　•ア 家庭

(2) テレビでホームドラマを見る。 •　　•イ 自分自身で

(3) 良い悪いを自ら反省する。 •　　•ウ 親類

4 次の人びとの呼《よ》び方を［　］から選んで、記号で答えましょう。

(1) 父と母。（　）

(2) 年をとった人。お年寄《としよ》り。（　）

(3) 小学生などの子供《こども》。（　）

(4) 中学生、または高校生。（　）

(5) 子供《こども》を守り育てる責任《せきにん》のある人。（　）

ア 児童
イ 保護者《ほごしゃ》
ウ 両親
エ 生徒
オ 老人

くらしの言葉

人生

1 上と下がつながるように、•——•で結びましょう。

(1) 元気な男の子を無事に •
(2) かわいい赤ちゃんが •
(3) 老いた親を •
(4) 二十歳《はたち》になったので親から •

• ア 誕生《たんじょう》する。
• イ 出産する。
• ウ 自立する。
• エ 養う。

2 （　）にあてはまる言葉を［　］から選んで、記号で答えましょう。

(1) 四年から五年に（　　）する。
(2) 小学校から中学校に（　　）する。
(3) 親の仕事の都合で、別の学校に（　　）する。

ア 転校
イ 進学
ウ 進級

3

――の言葉と似《に》た意味の言葉を下から選んで、•――•で結びましょう。

(1) 今年も多くの生徒が巣立つ。 •　　　•ア 体験

(2) 失敗もすべてよい経験《けいけん》だ。 •　　　•イ 卒業する

(3) 大冒険《だいぼうけん》のすえに果てる。 •　　　•ウ 死ぬ

4

□に共通してあてはまる漢字を［　］から選んで書きましょう。

(1) 野球に一□をささげる。／事故《じこ》で□命を失う。

大病をして□死の境《さかい》をさまよう。

(2) 戦争は多くの人□をぎせいにする。／

運□のいたずら。／宿□のライバル。

［ 生　命 ］

くらしの言葉

体の具合

1 使い方が正しい言葉の記号に○をつけましょう。

(1) 虫歯が { ア むせる。 / イ 痛《いた》む。 }

(2) 足の傷口《きずぐち》を { ア 消毒《しょうどく》する。 / イ 注射《ちゅうしゃ》する。 }

(3) 電車の中が暑くて { ア のぼせる。 / イ 傷《きず》つく。 }

2 上と下がつながるように、•—•で結びましょう。

(1) 熱が出て、三日も •

(2) 治ったかぜが •

(3) 虫にさされて手が •

(4) 暑さで体が •

• ア ぶり返す。

• イ 衰弱《すいじゃく》する。

• ウ 寝《ね》こむ。

• エ はれる。

3 □に共通してあてはまる漢字を［　］から選んで書きましょう。

(1) 妹を看《かん》□する。／心臓《しんぞう》に持□がある。

(2) □全な体を保《たも》つ。／□康をそこなう。

［ 病　健 ］

4 （　）にあてはまる言葉を［　］から選んで、記号で答えましょう。

(1) 病後なので、しばらく（　　）する。

(2) 一週間ほど、（　　）にしていなければならない。

(3) 仕事の（　　）に温泉《おんせん》に行く。

(4) 歩きつかれたので、公園の（　　）所《じょ》で休む。

［ ア 休養　イ 休憩《きゅうけい》　ウ 骨休《ほねやす》め　エ 安静 ］

全体・部分

1 (　)にあてはまる言葉を[　]から選んで、記号で答えましょう。

(1) つり道具を(　)そろえる。

(2) お皿を五枚《まい》(　)で買う。

(3) 絵が(　)にできあがった。

(4) ガラスの(　)を拾う。

ア 完全　イ セット　ウ 一式　エ かけら

2 ――の言葉と似《に》た意味の言葉を下から選んで、•――•で結びましょう。

(1) 三人とも元気です。　•　　•ア 一部分

(2) 小説の粗筋《あらすじ》を話す。　•　　•イ おのおの

(3) 町の一角に公園をつくる。　•　　•ウ みんな

(4) 弁当《べんとう》は各自が用意する。　•　　•エ あらまし

3 ――の言葉の意味を[ ]から選んで、記号で答えましょう。

(1) 一般《いっぱん》に知られていない話を集める。（　）

(2) 仕事の<u>いっさい</u>を任《まか》せる。（　）

(3) 仕事は一応《いちおう》終わった。（　）

ア 全体　イ 十分ではないが一通り　ウ すべて

4 [ ]に共通してあてはまる漢字を[ ]から選んで書きましょう。

(1) 医学の方[ ]に進みたい。／かべの反[ ]に絵をかざる。

(2) 大学で文学[ ]にせきをおく。／一[ ]の人しか知らない話。

面　部

始まり、終わり

1 （　）にあてはまる言葉を□から選んで、記号で答えましょう。

⑴ （　）から横綱《よこづな》に土がついた。

⑵ 話の（　）をつかむ。

⑶ 東京駅（　）の電車に乗る。

⑷ ここはラーメン（　）の地だ。

ア きっかけ
イ 始発
ウ 初日
エ 発祥《はっしょう》

2 上と下がつながるように、•―•で結びましょう。

⑴ 来月からレストランを　•　　•ア 持ち上がる。

⑵ さまざまな問題が　•　　•イ 始業する。

⑶ 学校は九時に　•　　•ウ 開業する。

3 ——の言葉と反対の意味の言葉を[　]から選んで、記号で答えましょう。

(1) 東海道《とうかいどう》の起点は日本橋《にほんばし》です。（　　）

(2) 会議は十時に開会します。（　　）

(3) やっと試合が終了《しゅうりょう》した。（　　）

ア 閉会《へいかい》
イ 終点
ウ 開始

4 ——の言葉と似《に》た意味の言葉を下から選んで、•—•で結びましょう。

(1) 仕事の責任《せきにん》を果たす。 •　　• ア まっとうする

(2) 通信が途絶《とだ》える。 •　　• イ 決着する

(3) 事件《じけん》が解決《かいけつ》する。 •　　• ウ 止まる

(4) ドラマも終末に近づいた。 •　　• エ 成立する

(5) 外国との協定が成り立つ。 •　　• オ 結末

数・形

1 ——の言葉と反対の意味の言葉を［　］から選んで、記号で答えましょう。

(1) 二や四や六は偶数《ぐうすう》だ。（　）

(2) 今年の最多勝利投手は、かれだ。（　）

(3) 百点をとった人が多数いた。（　）

(4) 気温はマイナス五度だ。（　）

ア 最少
イ 奇数《きすう》
ウ プラス
エ 少数

2 ——の言葉の意味を［　］から選んで、記号で答えましょう。

(1) そろばんを使って検算《けんざん》する。（　）

(2) 支出が超過《ちょうか》する。（　）

ア 決まった程度《ていど》をこえること。
イ 計算した答えが正しいかどうか、確《たし》かめること。

3 ——の言葉と似《に》た意味の言葉を下から選んで、•——•で結びましょう。

(1) 富士山《ふじさん》の高さは海抜《かいばつ》三七七六メートルだ。 •　　• ア 分量

(2) 貨物の重量を量る。 •　　• イ へだたり

(3) 同じ間隔《かんかく》で球根を植える。 •　　• ウ 目方《めかた》

(4) ボリュームのある食事をとる。 •　　• エ 標高

4 □に共通してあてはまる漢字を［　］から選んで書きましょう。

(1) □数の割《わ》る数を□母という。

(2) 三角形の□辺の長さと円すいの□面積を求める。

(3) □径三メートルの円。／円を二つに分けて□円にする。

［ 半　底　分 ］

社会　経済《けいざい》

1 使い方が正しい言葉の記号に○をつけましょう。

(1) 兄から｛ア 貯金／イ 借金｝して本を買う。

(2) 町内会の会費を｛ア 料金／イ 集金｝する。

2 □にあてはまる漢字を□から選んで書きましょう。

(1) ハワイに行くための□費《ひ》をためる。

(2) 大家族で□費《ひ》がかかる。

(3) 趣味《しゅみ》に□費《ぴ》する。

旅　出　食

3 ——の言葉と似《に》た意味の言葉を下から選んで、•——•で結びましょう。

(1) アルバイトをしてかせぐ。 •　　• ア 利益《りえき》

(2) 毎月のもうけは少ない。 •　　• イ 売買

(3) 利子を支払《しはら》う。 •　　• ウ もうける

(4) 衣料品の商売をする。 •　　• エ 利息

4 ——の言葉と反対の意味の言葉を［　］から選んで、記号で答えましょう。

(1) くじに当たって得《とく》をした。（　　）

(2) 石油の消費をおさえる。（　　）

(3) 五百円硬貨《こうか》は百円硬貨《こうか》より大きい。（　　）

ア 生産
イ 紙幣《しへい》
ウ 損《そん》

社会 ◆ 労働

1 上と下がつながるように、•—•で結びましょう。

(1) 四月から新しい職《しょく》に •　　• ア 受け持つ。
(2) 山本先生は音楽を •　　• イ 負う。
(3) 大事な仕事の責任《せきにん》を •　　• ウ 管理する。
(4) 複数《ふくすう》のアパートを •　　• エ 就《つ》く。

2 （　）にあてはまる言葉を［　］から選んで、記号で答えましょう。

(1) 父の（　）はパイロットです。
(2) （　）の能率《のうりつ》を上げる。
(3) 妹には（　）が重すぎる。
(4) 父は（　）に出ている。

ア 職業《しょくぎょう》
イ 負担《ふたん》
ウ 作業
エ 勤《つと》め

3 ——の言葉の意味を□から選んで、記号で答えましょう。

(1) せっかくの準備《じゅんび》も徒労に終わった。（　）

(2) 仕事がやっと一段落《いちだんらく》ついた。（　）

(3) そうじ当番を持ち回りにする。（　）

ア 一区切りつくこと。
イ なんにもならない苦労。
ウ 仕事などを、関係する人たちで順にすること。

4 □に共通してあてはまる漢字を□から選んで書きましょう。

(1) 店を休□する。／会社がつぶれて失□する。

(2) 優《すぐ》れた□材を集める。／店の□手が足りない。

人　業

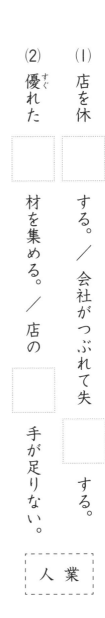

社会 ◆

産業

1 上と下がつながるように、•——•で結びましょう。

(1) 新製品《しんせいひん》を　•　　•ア 植林する。

(2) ニンジンを植えるために畑を　•　　•イ 放流する。

(3) はげ山に　•　　•ウ 放牧する。

(4) 牧場でウシを　•　　•エ 開発する。

(5) 川にサケを　•　　•オ 耕《たがや》す。

2 （　）にあてはまる言葉を［　］から選んで、記号で答えましょう。

(1) 毒物《どくぶつ》の流出や悪臭《あくしゅう》などの（　　）を防《ふせ》ぐ。

(2) 工場の（　　）がうるさい。

(3) 夏の気温が低いので、（　　）に気を付ける。

ア 冷害
イ 公害
ウ 騒音《そうおん》

3 □に共通してあてはまる漢字を［　］から選んで書きましょう。

(1) 目玉□品。／□店街。／江戸《えど》の□人。

(2) 新製品《しんせいひん》が当たり、事□がさかえた。／大企《だいき》□に勤《つと》める。／日本は工□が発達している。／日本は漁□のさかんな国だ。

(3) 名□をみやげに買う。／北海道の産□。／秋の作□。／イネやムギなどの穀《こく》□を主食にする。

［ 業　商　物 ］

社会

交通・流通

1 ――の言葉と反対の意味の言葉を下から選んで、・――・で結びましょう。

(1) 順番に乗車する。　・　　・ア 発車

(2) 次の駅で停車する。　・　　・イ 入港

(3) 船はインドに向けて横浜《よこはま》を出港した。　・　　・ウ 下車

2 使い方が正しい言葉の記号に○をつけましょう。

(1) 新しい道路の｛ア 開通　イ 通行｝を祝う。

(2) 急行電車が｛ア 乗りこす。　イ 通過《つうか》する。｝

(3) 荷物を｛ア 運搬《うんぱん》する。　イ 運転する。｝

3 次の文に合う言葉を下から選んで、●——●で結びましょう。

(1) レールをしいて、電車などを走らせる交通機関。 ・　・ア　街路

(2) 国の費用でつくり、国が管理する道路。 ・　・イ　路線

(3) 町のなかの道。 ・　・ウ　国道

(4) 列車やバスなどが運行される道筋《みちすじ》。 ・　・エ　鉄道

4 □にあてはまる漢字を[　]から選んで書きましょう。

(1) 大雪でバスが運□する。

(2) この山は、夏の間だけバスが運□している。

(3) 引っこし荷物を運□する。

休　行　送

文化 ◆ 教育

1 上と下がつながるように、•——•で結びましょう。

(1) 人体の構造《こうぞう》を •　　• ア 訓練をする。
(2) けんかをして父に •　　• イ きたえる。
(3) 地震《じしん》に備《そな》えて避難《ひなん》 •　　• ウ 説教される。
(4) ランニングで体を •　　• エ 解説《かいせつ》する。

2 (　)にあてはまる言葉を［　］から選んで、記号で答えましょう。

(1) 兄は今年、高校を(　　)する。
(2) すべての問題に(　　)する。
(3) 自由研究で図鑑《ずかん》を(　　)する。
(4) 水泳部の(　　)に参加する。

ア 正解《せいかい》　イ 合宿　ウ 受験　エ 参照

3

——の言葉と似《に》た意味の言葉を下から選んで、•——•で結びましょう。

(1) 新しい方法を試みる。 •　　• ア 指名される

(2) 先生に指されて作文を読む。 •　　• イ 主題

(3) 作文のテーマを考える。 •　　• ウ 試す

(4) 算数はぼくの好きな科目だ。 •　　• エ 教訓

(5) 先生の教えを守る。 •　　• オ 教科

4

——の言葉の使い方が正しい文の記号に○をつけましょう。

(1)
- ア 兄とは同じ学校なので同級だ。
- イ 友達とは同じ四年二組なので同級だ。

(2)
- ア 近くの森でフィールドワークを行う。
- イ 研究室でフィールドワークを行う。

文化 ◆ 文字・言葉

1 上と下がつながるように、•——•で結びましょう。

(1) 書き初《ぞ》めの清書の前に •
(2) 福沢諭吉《ふくざわゆきち》の言葉を •
(3) 文章は段落《だんらく》で •
(4) 「雨」は「あ」を「め」より強く •

• ア 改行する。
• イ 下書きする。
• ウ 引用する。
• エ 発音する。

2 使い方が正しい言葉の記号に○をつけましょう。

(1) 長い文は{ア 読点 イ 句点《くてん》}を打って、読みやすくする。

(2) かれは、話の{ア 前書き イ 前置き}が長い。

3 ――の言葉の意味を[　]から選んで、記号で答えましょう。

(1) 「腹《はら》を立てる」「油を売る」などは慣用句《かんようく》という。（　）

(2) 「まかぬ種は生えぬ」などはことわざという。（　）

(3) 「青信号　よく見てわたる子　無事故《むじこ》の子」などは標語という。（　）

ア　二つ以上の語が結び付いて、特別な意味になる言い回し。
イ　教えやいましめなどの意味をもったもの。
ウ　考えや目標をうまく表した短い言葉。

4 [　]に共通してあてはまる漢字を[　]から選んで書きましょう。

(1) 伝[　]をたのむ。／関西地方の方[　]で話す。

(2) 「は」「か」は清[　]、「ば」「が」は濁《だく》[　]という。

言　音

文化

スポーツ・レジャー

1 上と下がつながるように、•——•で結びましょう。

(1) けがで試合を •
(2) 野球の試合で、初回に五点も •
(3) 地区大会で三年連続で •
(4) 京都市内のお寺を •

• ア 優勝《ゆうしょう》する。
• イ 欠場する。
• ウ めぐる。
• エ 得点する。

2 (　)にあてはまる言葉を［　］から選んで、記号で答えましょう。

(1) 甲子園《こうしえん》(　　)で野球がしたい。
(2) 二つの(　　)に出場する。
(3) マラソンの(　　)に選ばれる。
(4) 名所を(　　)する。

ア 種目　イ 選手　ウ 見物　エ 球場

3 ――の言葉の使い方が正しい文の記号に○をつけましょう。

(1)
ア 試合の後にウォーミングアップする。
イ 試合の前にウォーミングアップする。

(2)
ア あざやかなフォームでジャンプする。
イ 強いフォームでゴールを決める。

4 □に共通してあてはまる漢字を［　］から選んで書きましょう。

(1) 勝ち進んだがおしくも決□で敗れた。／この試合で最後の□敗が決まる。

(2) テニスの試合を□戦する。／□光旅行にでかける。

［ 観　勝 ］

自然 ◆ 天気

1 上と下がつながるように、•——•で結びましょう。

(1) 暖《あたた》かい日の光が　•　　•ア ふきこむ。
(2) 木の葉が風に　•　　•イ まう。
(3) すきま風が　•　　•ウ 冷えこむ。
(4) みぞれが降《ふ》って　•　　•エ 降《ふ》り注ぐ。

2 使い方が正しい言葉の記号に○をつけましょう。

(1) ｛ア 長雨　イ 雨垂《あまだ》れ｝で石に穴《あな》があいた。

(2) ｛ア 日照り　イ 水害｝が続き、水不足となった。

3 ——の言葉と似《に》た意味の言葉を下から選んで、•——•で結びましょう。

(1) 天候が不順で山を下りる。　•　　•ア　きり

(2) 高い山にはよくガスがかかる。　•　　•イ　晴れ

(3) 今日は快晴でとても気持ちがいい。　•　　•ウ　天気

4 ——の言葉の意味を［　］から選んで、記号で答えましょう。

(1) ニュースで気象情報を伝える。　（　　）

(2) 日本は温暖《おんだん》な気候だ。　（　　）

ア　大気中に起こるいろいろな状態《じょうたい》。晴れ・くもり・雨・気圧《きあつ》の高さ・風の速さなど。　イ　ある地域《ちいき》の気温の高い・低い、雨の多い・少ないなどの、天気の様子。

自然 ◆ # 植物・動物

1 上と下がつながるように、•—•で結びましょう。

(1) 春になり草木が • • ア 実る。
(2) 大事にしていた植木が • • イ かれる。
(3) イネが豊《ゆた》かに • • ウ かえる。
(4) ニワトリのひなが • • エ 芽生える。

2 （ ）にあてはまる言葉を［ ］から選んで、記号で答えましょう。

(1) サクラの花がいっせいに（ ）する。 (2) 種子が（ ）する。
(3) 種無しブドウの（ ）を開発する。
(4) テントウムシはアリマキ（アブラムシ）の（ ）だ。

ア 天敵《てんてき》 イ 発芽 ウ 開花 エ 品種

3 （　）にあてはまる言葉を［　］から選んで、記号で答えましょう。

⑴ 植物は（①　　）から水を吸《す》う。（②　　）は、葉の中の水分や養分の通り道となる。

⑵ チョウの（①　　）は、イモムシやアオムシなどとよばれる。これらは（②　　）になったあと、（③　　）になる。

⑶ 花の（①　　）に、おしべの（②　　）がついて受精《じゅせい》し、果実や（③　　）ができる。

ア 葉脈　イ 根　ウ 成虫　エ さなぎ
オ 幼虫《ようちゅう》　カ 花粉《かふん》　キ めしべ　ク 種子

自然

人の体

1 □に共通してあてはまる漢字を［　］から選んで書きましょう。

(1) □首をねんざする。／手□を使っておどる。

(2) 運動で□力をつける。／□温を測《はか》る。

［足　体］

2 ――の言葉の使い方が正しい文の記号に○をつけましょう。

(1)
ア　猫舌《ねこじた》なので、固い食べ物が苦手だ。
イ　猫舌《ねこじた》なので、熱い食べ物が苦手だ。

(2)
ア　かれは怪力《かいりき》なので、岩を動かすことができる。
イ　かれは怪力《かいりき》なので、物を宙《ちゅう》にうかせることができる。

3 上と下がつながるように、•——•で結びましょう。

(1) 運動不足で　•　　•ア　こる。

(2) ずっとすわっていて、かたが　•　　•イ　ばてる。

(3) 暑さで　•　　•ウ　肥満《ひまん》する。

4 ——の言葉の意味を［　］から選んで、記号で答えましょう。

(1) ひざの関節が痛《いた》む。（　　）

(2) 気管に水が入ってむせる。（　　）

(3) 身体検査《けんさ》で握力《あくりょく》を測《はか》る。（　　）

ア 物をにぎりしめる力。　イ のどから肺《はい》に続く管。
ウ 骨《ほね》と骨《ほね》とがつながるところ。

自然 ◆ **時**

1 （　）にあてはまる言葉を［　］から選んで、記号で答えましょう。

(1)（　）お待ちください。

(2) 川の水は（　）流れていく。

(3) 家に着いたときは（　）日が暮《く》れていた。

ア 絶《た》えず　イ すでに　ウ しばらく

2 ——の言葉の意味を［　］から選んで、記号で答えましょう。

(1) 冬の明け方はとくに冷えこむ。（　）

(2) 夏の昼下がりはけだるい。（　）

(3) 夜更《よふ》けの町は静かだ。（　）

ア 夜おそくなったころ。　イ 夜が明けようとするころ。
ウ 正午の少しあと。午後二時ごろ。

3 ――の言葉と似《に》た意味の言葉を下から選んで、•――•で結びましょう。

(1) ときどきカッコウの声がする。 • 　　• ア 年月《としつき》
(2) 長い年月《ねんげつ》をかけてダムをつくる。 • 　　• イ 去年
(3) 昨年の秋は豊作《ほうさく》だった。 • 　　• ウ 時折
(4) 一昨年《いっさくねん》も山に登った。 • 　　• エ あさって
(5) 一昨日《いっさくじつ》から雨が降《ふ》り続いている。 • 　　• オ おととし
(6) 明後日《みょうごにち》に友達の家で遊ぶ約束をする。 • 　　• カ おととい

4 ――の言葉と反対の意味の言葉を［　］から選んで、書きましょう。

(1) 過去《かこ》をふり返る。（　　　）
(2) 十時以後は静かに寝《ね》なさい。（　　　）

［ 以前　未来 ］

使い方に特徴《とくちょう》のある言葉

反対語

1 ――の言葉と反対の意味の言葉を［　］から選んで、記号で答えましょう。

(1) すべって__あお向け__にたおれる。（　）

(2) __偶然《ぐうぜん》__のきっかけで友達になる。（　）

(3) __アマチュア__のカメラマン。（　）

ア 必然
イ プロフェッショナル
ウ うつぶせ

2 使い方が正しい言葉の記号に○をつけましょう。

(1) かれは｛ア 消極的／イ 積極的｝な性格《せいかく》なので、あまり発言しない。

(2) 鼻水がつまって、においに｛ア 敏感《びんかん》／イ 鈍感《どんかん》｝になる。

3 ――の言葉と反対の意味の言葉を下から選んで、•――•で結びましょう。

(1) 寒いから日なたで遊ぶ。 •　　• ア 陰気《いんき》

(2) ぼくの短所はあきっぽいことだ。 •　　• イ 満足

(3) 陽気にさわぐ。 •　　• ウ 日かげ

(4) 不満の声があがる。 •　　• エ 長所

4 ――の言葉と反対の意味の言葉を［　］から選んで、書きましょう。

(1) パソコンに入力する。（　　　）

(2) 電波を受信する。（　　　）

(3) 月を見上げる。（　　　）

［送信する　見下ろす　出力する］

使い方に特徴《とくちょう》のある言葉

同じ読みで意味のちがう言葉

1 使い方が正しい漢字の記号に○をつけましょう。

(1) 身長を { ア 量る。 イ 測《はか》る。

(2) 会社に { ア 勤《つと》める。 イ 努める。

2 上と下がつながるように、•——•で結びましょう。

(1) { ① 身なりを ② 夕食の材料を } • ア 調《ととの》える。 • イ 整える。

(2) { ① 本がたなに全部 ② 国が ③ 注文の品が } • ア 治まる。 • イ 収《おさ》まる。 • ウ 納《おさ》まる。

3 □□にあてはまる、同じ読み方の漢字を書きましょう。

(1) しょうか

① □□のよい食べ物。

② ビルの火事を□□する。

(2) じんこう

① □□が増加《ぞうか》する。

② □□衛星《えいせい》を打ち上げる。

4 ――の言葉の意味を□から選んで、記号で答えましょう。

(1) 雨水を排水《はいすい》する。（　）

(2) 工場の廃水《はいすい》が問題だ。（　）

ア 使用して、いらなくなった水。

イ いらない水をおし流すこと。

答え

「ことばプリント」小学3・4年生

4・5ページ

1 (1) ウ (2) ア (3) エ (4) イ
2 (1) ウ (2) ア (3) エ (4) イ
3 (1) イ (2) ア (3) イ
4 (1) イ (2) ア (3) ウ

6・7ページ

1 (1) イ (2) ア (3) ウ
2 (1) イ (2) ウ (3) ア
3 (1) イ (2) ア
4 (1) 投げ出す (2) 登場する (3) 行動する

8・9ページ

1 (1) イ (2) ア (3) ウ
2 (1) イ (2) ア
3 (1) イ (2) ア
4 (1) 送る (2) 習う (3) 守る

10・11ページ

1 (1) ア (2) ウ (3) イ
2 (1) イ (2) ア (3) ウ
3 (1) ア (2) イ (3) イ
4 (1) ア (2) イ (3) ウ

12・13ページ

1 (1) エ (2) ウ (3) ア (4) イ
2 (1) イ (2) ア (3) イ
3 (1) 走 (2) 進
4 (1) ウ (2) ア (3) エ (4) イ

14・15ページ

1 (1) ア (2) イ (3) ウ
2 (1) イ (2) ア
3 (1) イ (2) ア (3) ウ
4 (1) 納得する (2) 受け取る (3) 心得る

16・17ページ

1 (1) イ (2) ア (3) ウ
2 (1) ア (2) ア
3 (1) 想 (2) 外
4 (1) イ (2) ウ (3) ア

18・19ページ

1 (1) イ (2) ウ (3) ア
2 (1) イ (2) ア
3 (1) イ (2) ア (3) ウ
4 (1) イ (2) ウ (3) ア

20・21ページ

1 (1) イ (2) ア (3) ウ
2 (1) イ (2) ア
3 (1) 合 (2) 中 (3) 積
4 (1) ウ (2) イ (3) ア

22・23ページ

1 (1)ア (2)ウ (3)イ
2 (1)ウ (2)イ (3)ア
3 (1)勝 (2)戦
4 (1)ア (2)ウ (3)イ

24・25ページ

1 (1)ウ (2)ア (3)エ (4)イ
2 (1)イ (2)イ
3 (1)ウ (2)イ (3)ア
4 (1)取り (2)打ち

26・27ページ

1 (1)ウ (2)ア (3)イ (4)エ
2 (1)イ (2)ウ (3)エ (4)ア
3 (1)ウ (2)ア (3)イ
4 (1)イ (2)ア (3)ア

28・29ページ

1 (1)ウ (2)ア (3)イ
2 (1)ア (2)イ
3 (1)イ (2)ウ (3)ア
4 (1)イ (2)ア (3)ウ

30・31ページ

1 (1)イ (2)ア (3)エ (4)ウ
2 (1)イ (2)ア (3)ウ
3 (1)心 (2)気 (3)願

32・33ページ

1 (1)ア (2)ウ (3)イ
2 (1)ア (2)イ
3 (1)イ (2)ア (3)ウ
4 (1)察する (2)暑苦しい (3)寒冷な (4)ゆるむ

34・35ページ

1 (1)ウ (2)ア (3)エ (4)イ
2 (1)ウ (2)ア (3)イ
3 (1)イ (2)ア
4 (1)ウ (2)イ (3)ア

36・37ページ

1 (1)ウ (2)イ (3)ア
2 (1)イ (2)ア
3 (1)ウ (2)ア (3)イ
4 (1)ウ (2)イ (3)ア

38・39ページ

1 (1)ウ (2)ア (3)イ
2 (1)ア (2)イ
3 (1)気 (2)平
4 (1)イ (2)ウ (3)ア

40・41ページ

1 (1) ウ (2) イ (3) ア

2 (1) ア (2) イ

3 (1) ウ (2) イ (3) ア

4 (1) イ (2) ウ (3) ア

42・43ページ

1 (1) イ (2) エ (3) ウ (4) オ (5) ア

2 (1) イ (2) ア (3) ウ

3 (1) イ (2) ア (3) イ

4 (1) 大 (2) 不

44・45ページ

1 (1) ウ (2) ア (3) イ

2 (1) エ (2) ア (3) イ (4) オ (5) ウ

3 (1) イ (2) イ

4 (1) エ (2) オ (3) イ (4) ア (5) カ (6) ウ

46・47ページ

1 (1) ウ (2) イ (3) ア

2 (1) イ (2) ア

3 (1) オ (2) ア (3) ウ (4) イ (5) エ

4 (1) 重 (2) 級

48・49ページ

1 (1) ウ (2) ア (3) イ

2 (1) 食 (2) 住

3 (1) イ (2) イ (3) ア

4 (1) イ (2) ウ (3) ア

50・51ページ

1 (1) イ (2) ウ (3) ア

2 (1) ウ (2) ア (3) イ

3 (1) 服 (2) 家

4 (1) ア (2) ウ (3) イ

52・53ページ

1 (1) イ (2) ウ (3) ア

2 (1) ウ (2) オ (3) イ (4) エ (5) ア

3 (1) ウ (2) エ (3) ア (4) イ

4 (1) 礼 (2) 友

54・55ページ

1 (1) イ (2) ア (3) ウ

2 (1) ウ (2) イ (3) エ (4) ア

3 (1) ウ (2) ア (3) イ

4 (1) ウ (2) オ (3) ア (4) エ (5) イ

56・57ページ

1 (1) イ (2) ア (3) エ (4) ウ

2 (1) ウ (2) イ (3) ア

3 (1) イ (2) ア (3) ウ

4 (1) 生 (2) 命

58・59ページ

1 (1)イ (2)ア (3)ア
2 (1)ウ (2)ア (3)エ (4)イ
3 (1)病 (2)健
4 (1)ア (2)エ (3)ウ (4)イ

60・61ページ

1 (1)ウ (2)イ (3)ア (4)エ
2 (1)ウ (2)エ (3)ア (4)イ
3 (1)ア (2)ウ (3)イ
4 (1)面 (2)部

62・63ページ

1 (1)ウ (2)ア (3)イ (4)エ
2 (1)ウ (2)ア (3)イ
3 (1)イ (2)ア (3)ウ
4 (1)ア (2)ウ (3)イ (4)オ (5)エ

64・65ページ

1 (1)イ (2)ア (3)エ (4)ウ
2 (1)イ (2)ア
3 (1)エ (2)ウ (3)イ (4)ア
4 (1)分 (2)底 (3)半

66・67ページ

1 (1)イ (2)イ
2 (1)旅 (2)食 (3)出
3 (1)ウ (2)ア (3)エ (4)イ
4 (1)ウ (2)ア (3)イ

68・69ページ

1 (1)エ (2)ア (3)イ (4)ウ
2 (1)ア (2)ウ (3)イ (4)エ
3 (1)イ (2)ア (3)ウ
4 (1)業 (2)人

70・71ページ

1 (1)エ (2)オ (3)ア (4)ウ (5)イ
2 (1)イ (2)ウ (3)ア
3 (1)商 (2)業 (3)物

72・73ページ

1 (1)ウ (2)ア (3)イ
2 (1)ア (2)イ (3)ア
3 (1)エ (2)ウ (3)ア (4)イ
4 (1)休 (2)行 (3)送

74・75ページ

1 (1)エ (2)ウ (3)ア (4)イ
2 (1)ウ (2)ア (3)エ (4)イ
3 (1)ウ (2)ア (3)イ (4)オ (5)エ
4 (1)イ (2)ア

76・77ページ

1 (1)イ (2)ウ (3)ア (4)エ
2 (1)ア (2)イ
3 (1)ア (2)イ (3)ウ
4 (1)言 (2)音

78・79ページ

1 (1)イ (2)エ (3)ア (4)ウ
2 (1)エ (2)ア (3)イ (4)ウ
3 (1)イ (2)ア
4 (1)勝 (2)観

80・81ページ

1 (1)エ (2)イ (3)ア (4)ウ
2 (1)イ (2)ア
3 (1)ウ (2)ア (3)イ
4 (1)ア (2)イ

82・83ページ

1 (1)エ (2)イ (3)ア (4)ウ
2 (1)ウ (2)イ (3)エ (4)ア
3 (1)①イ ②ア (2)①オ ②エ ③ウ (3)①キ ②カ ③ク

84・85ページ

1 (1)足 (2)体
2 (1)イ (2)ア
3 (1)ウ (2)ア (3)イ
4 (1)ウ (2)イ (3)ア

86・87ページ

1 (1)ウ (2)ア (3)イ
2 (1)イ (2)ウ (3)ア
3 (1)ウ (2)ア (3)イ (4)オ (5)カ (6)エ
4 (1)未来 (2)以前

88・89ページ

1 (1)ウ (2)ア (3)イ
2 (1)ア (2)イ
3 (1)ウ (2)エ (3)ア (4)イ
4 (1)出力する (2)送信する (3)見下ろす

90・91ページ

1 (1)イ (2)ア
2 (1)①イ ②ア (2)①イ ②ア ③ウ
3 (1)①消化 ②消火 (2)①人口 ②人工
4 (1)イ (2)ア